Das Leben ist eine sichere Bank

Lars Büscher

Das Leben ist eine sichere Bank

Lars Büscher

Impressum

Bibliografische Information der Deutschen Nationalbibliothek:
Die Deutsche Nationalbibliothek verzeichnet diese Publikation in der
Deutschen Nationalbibliografie; detaillierte bibliografische Daten sind
im Internet über http://dnb.dnb.de abrufbar.

© 2023 Lars Büscher

Lektorat: Team Kultur: inklusive
Korrektorat:
weitere Mitwirkende: Lisa Küdde

Herstellung und Verlag: BoD – Books on Demand, Norderstedt

ISBN: 978-3- 739244846

ÜBERSICHT

I Über Mich

Leeres Blatt   11
In meiner Welt   12
Bühnenausgang   13
Harte Zeit   14
Raum mit Klavier   15
Der Löwe   16
Land´s End   17
Die Angst   18
Bewegungsprotokoll   19
Ich will nicht in die Welt hinaus   20
Wüste   21
Freunde...22
Immer noch da...23
Hang zur Melancholie...26
Auf nach Kalifornien...27

II Über das Leben

Das Leben ist eine sichere Bank   29
Loch in der Zeit   30
Lesung   31
Stillleben   32
Von Menschen und Schwalben...33
Von Mauern und Steinen...34
Geboren...35
Wege...36
Ich bin nicht unpolitisch, ich bin ein Mensch...37
Anketten   38
Markttag   39
Engel   40
Seltsam   41
Frühling   42
Sommer   43
Es ist die Liebe...44
So ist es gut...45

III Über die Einsamkeit

Als die Toten mich riefen   49
Totenwache   50
Vater   51
Du bist gegangen   52
Sina   53
Johnny   54
Die Romantik stirbt aus   55
Herbst   56
Winter   57
Winter, wenn es sein muss   58
Einsamkeit   59
Zweite Wege   60
Von den vielen und ich alleine...61
Panik in meinen Augen   62
Das verrate Herz   63
Erste Hilfe   64
Jetzt   65

Leere Seite

Jetzt sitz ich hier
und soll diese Seite füllen.
Mit was?

Ich soll an was Schönes denken.
An wen?

Die Seite füllt sich.
Mein Herz leert sich.
Die Seele kratzt laut
auf das weiße Blatt Papier.

Geschafft!!

In meiner Welt

In meiner Welt
ist morgens Herbst
und abends Frühling.
Dazwischen halte ich Winterschlaf
und vergesse vom Sommer zu träumen.

Bühnenausgang

Es gibt zwei Wege heraus aus dem ganzen Theater.

Entweder
Du kletterst übers Publikum,
quetscht es fast zu Tode
und kriechst laut schreiend
durch den Haupteingang.

Oder
Du gehst ganz ruhig
durch den Bühnenausgang
auf die stille Straße.

Harte Zeiten

Du sagst:

Meine Gedichte seien unpassend für diese harten Zeiten.

Hart waren die Zeiten für mich
als meine Gedichte hart waren
und Du sie nicht hören wolltest.

Aufbewahrt habe ich sie alle
in meinem inneren Archiv.
Aber dahin geh ich nur noch selten und meist allein.
Dann schließ ich dreimal hinter mir ab und verstecke
den Schlüssel.

Raum mit Klavier

Es ist wieder einer dieser Tage ...

Ich betrete einen Raum mit einem Klavier
und wenn jetzt jemand aufsteht und spielt,
dann ist es zu spät...

Dann weine ich zwei Stunden lang
und zu Hause eine mehr,
weil ich so gerne selbst spielen möchte
und mich nie getraut habe
oder mir schon der erste Gedanke daran
so lächerlich erschien.

Aber es gibt die, die sich trauen und spielen,
Und sie spielen besonders für mich.

Ich spüre es.

Und wenn sie die richtigen Worte nicht finden und
keinen Mut haben sie auszusprechen
dann find ich sie und spreche.

Das ist nur fair.

Der Löwe

Was ich will besitzen,
das stirbt-still und seufzend.

Meine Liebe ist leise und leicht.

Der Löwe erwacht.

Ich schau auf dich und Du schaust auf den Löwen.

Alle schauen immer nur auf den Löwen.

Land´s End

Hier endet alles.

Land außer Sicht.

Blicke gen Westen.

Es gibt noch Leben zu leben
jenseits meiner Augen.

Die Angst

Im Grunde meines Herzens
sitzt die Angst
und wirft mit Steinen
an meine Schädeldecke.

Bewegungsprotokoll

Änderung-will nicht
Stillstand-geht nicht
Rückschritt-darf nicht

Ich will nicht in die Welt hinaus

Es ist kalt.

Meine Seele löchrig
und meine Haut dünn.

Ich will mich nicht ausstellen;
das Bild ist noch gar nicht fertig.

Ich will immer nur Fragen stellen
und keine beantworten.

Hinter jeder Ecke lauert ein Nein.

Ich will nicht in die Welt hinaus...
aber ich gehe trotzdem.

Wüste

Ich bin leer und müde.

Der Postbote leert mich stündlich.

Der Schlaf kommt nur noch an Feiertagen.

Nichts will hier blühen.

Kakteen wehen durch meinen Kopf.
Sommer decken meine Schädeldecke zu.

Außen ist Wüste

Innen ist Wasser

Wasser ist Leben

Freunde

Freunde
wie schön das Wort klingt
wenn es zwei Silben hat.

Immer noch da

In Wellen wog ich zu dir
in eine Welt
die versunken ist
damals in der Sinnflut
als ich keine Farben vergessen konnte
als es noch Götter gab
für jede Farbe einen
als ich noch nicht sinken konnte
Und ich nicht wusste
wie tief tief ist
Als ich noch weinte
weil der Sommer kam
und ich dachte
er dauerte einen Sommer lang
wie eine Kugel rolle ich übers Land
und das Leben steht Spalier-grüßend und würdevoll.

Ja, ich bin noch da
Hab mich noch nicht erledigt
Bin noch nicht nichts
Ich atme
Ich spreche
Noch da

Immer noch da

Hang zur Melancholie

Ich rutsche den Hang herunter
zur Melancholie.

Vorbei an trüben Sinnen,
dem schweren Mut.

Die Welt wälzt sich in Schmerzen;
kämpft mit den Dämonen des Mittags.

Gebete und Lieder
fluten durch die Horizonte.

Kranke Propheten winken
von milchigen Hügeln.

Ewig ist so nah.

Nenn mich melancholisch,
wenn Du dich traust.

Auf nach Kalifornien

Mein Schiff legt ab.

Ich liege im Kellerdeck
Und höre „Astral Weeks"- immer wieder...

Ich träume,
wie ich Kirschcola trinke
gepresst aus den Früchten des Zorns.

Will laufen durch herzförmige Hügel,
grüne Täler
Und ewige Strände.

Alles in einem Moment zusammenschmelzen.

Will das Leben greifen
und sanft fallen lassen
 in einen trägen
Sommersonntagnachmittag.

Gold will ich schürfen in meinen Träumen,
erwachen und laut rufen:

„Auf nach Kalifornien!"

II Über das Leben

Das Leben ist eine sichere Bank

Gestern bin ich arglos an der Bank vorbeigelaufen.
Heute ist sie besetzt.
Aber morgen werde ich sicher auf ihr sitzen.

Lesung

Will im Leben lesen,
doch immer schlägt mir einer
das Buch vor der Nase zu.

Stillleben

Will immer das Leben zeichnen,
doch es hält nie still.

Loch in der Zeit

Was ist Glück?

Nur ein Loch in der Zeit.

Von Menschen und Schwalben

Schwalben fliegen über Grenzen.

Grenzen fliegen über Schwalben.

Und wir Menschen...
Wir bauen uns Grenzen,
weil wir nicht fliegen können.

Von Mauern und Steinen

Wer Mauern einreißen will,
muss erst lernen
mit den Steinen zu reden.

Geboren

Geboren werden.

Ein Schrei
so groß wie das Leben selbst.

Gehalten werden

von Armen
so stark wie zwei Leben.

Wege

Wohin führen sie...

Woher komme ich
wenn ich nicht nach hinter blicken will...

Wohin gehe ich
wenn ich doch nie ankommen kann...

Warum laufe ich
wenn ich auch stolpern kann...

Wege...
Wohin führen sie...
Nur im Kreis...
Nur im Kreis...

Ich bin nicht unpolitisch, ich bin ein Mensch

Natürlich weine ich über den Zustand der Welt.

Natürlich macht mich die Dummheit der Menschheit wütend.

Natürlich bin ich verletzt,
wenn Du mich angreifst.
.
Natürlich helfe ich,
wenn ich helfen kann.

Ich bin ein Mensch.

Mehr muss ich nicht sagen.

Anketten

Warum ich mich nicht ankette...

Ich sprenge lieber die Ketten,
das liegt mir mehr.

Markttag

Der Markt schreit
und ich trage meine teuerste Haut zum selbigen.

Um Worte muss hier wohl nicht gefeilscht werden,
die gibt es gratis dazu.

Menschen wuchern in schönen Mustern über den ganzen Platz.

„Darf es etwas mehr sein?",
werde ich gefragt.
Die Frage ist falsch
Sie müsste lauten:
„Darf es etwas weniger sein?
"
Aber egal,
der Markt wird es schon richten.

Engel

Vor jeder Kirche
sehe ich einen Engel stehen.

Vielleicht deshalb,
weil es mein eigener ist.

Seltsam

Die Menschen reden
Immer über das Wetter.

Aber redet das Wetter auch über uns?

Frühling

Bänder tauen auf
unter bunten Müllbergen.

Blaugefrorene Finger
öffnen schüchtern neue Türen.

Neue Worte werden gesprochen.
Eigentlich ist es nur eins:
Erwachen!

Sommer

Katzen liegen auf goldenen Bäumen.

Alles was strahlen kann,
strahlt um die Wette.
Die Wette geht so:
Wette,
es wird nie wieder Winter.

Ich wette dagegen,
und sammle Licht für den Herbst.

Es ist die Liebe

Es ist die Vernunft,
sagt der Kopf.

Es ist die Erfahrung,
sagt das Leben.

Es ist die Liebe,
sagt die Entscheidung.

So ist es gut

So voller Strom
So voll von allen
So planvoll voller Pläne
So viel von vielen
So wenig von wenigen
So weit weg
So sehr hier
So unmöglich,
es zu beschreiben
So ist es gut

III Über die Einsamkeit

Als die Toten mich riefen

Als die Toten mich das erste Mal riefen,
konnte ich sie nicht ansehen
und ich lief zurück in meine eigene Arme

Als die Toten mich das zweite Mal riefen,
hielt ich inne für einen Moment
und erkannte,
dass sie schön waren und friedlich.

Als die Toten mich das dritte Mal riefen
lief ich auf sie zu
und tanzte mit ihnen eine ganze Lebensnacht.

Totenwache

Ich steh an deinem Grab
und was soll ich sagen?

Soll ich traurig sein,
dass dein Grab daliegt, so lieblos?

Oder soll ich voller Würde einfach weitergehen
und in den weichen Himmel greifen.

Vater

Ich blicke in deine toten Augen.

Ein Vater tot;
über mich hinwegsehend

Ein anderer Vater begraben
mit einer Beichte und einer Befreiung.

Ein Vater übriggeblieben
für dieses letzte weiße Blatt Papier.

Kein Vater blickt mehr in meinen Spiegel.

Du bist gegangen

Du bist gegangen
und ich konnte Dich nicht aufhalten.

Das ist nicht die ganze Wahrheit.

Aber all meine nächtlichen Verhöre mit mir selbst
haben nichts Anderes ergeben.

Sina oder irgendwann eröffne ich ein Katzencafe

Versunken in deinem letzten Blick.
Angst ...
Hilfe suchend ...
dann weg.

Und nur noch
endloser Regen und Hunger.

Sina heißt China.
China ist zu weit weg für mich.
Es tut mir leid,
ich kann nichts mehr tun.

Johnny

Johnny, ich will dir Danke sagen.

Aber ist es nicht seltsam,
mit einem toten Musiker zu sprechen
Darf ich dich überhaupt Johnny nennen

Hello, your name was Johnny Cash.

R.I.P

Die Romantik stirbt aus

In der Zeitung steht:
Die Romantik stirbt aus.

Der Gedanke an sich ist schon fast romantisch.

Aber das erkennt wohl nur
der wahre Romantiker.

Herbst

Es ist draußen wie drinnen.

Wohlig traurig.
Heilig ernst.

Winter

Weißgepudertes, gedämpftes Halbleben.

Spröde Münder warten nur auf eins:

Wachgeküsst zu werden.

Winter, wenn es sein muss

Hallo Dunkelheit,
mein alter Freund.

Bist schon da,
bist zu früh.

Bin noch nicht fertig mit meinem Sommer.

Dann bleib halt,
wenn Du musst.
Wenn es sein muss
bis April.

Einsamkeit

Wenn ich Dir sage,
Ich bin einsam.

Kannst Du entscheiden,
ob ich Recht habe.

Zweite Wege

Ich war schon einmal hier
Hier, was jetzt ein Dort ist
Dürre Zweige drücken narben in meine Haut
Bäume ducken sich vor mir
Das Wort" Kunst" ist in ihre Rinde eingeritzt

Ein Fluss glänzt silbern
und spiegelt sich in meinen schlafenden Augen
Schwarze Schwäne rudern mich zum
rettenden Ufer

In meinen Strophen bin ich allein
Immer wenn ich schreibe
Bin ich allein

Und wenn Du dies liest?
Nein, dann nicht

Von vielen und ich allein

500 Sitzen klappen wie Messer auf und zu.
500 spitze Zungen zerschneiden die Stille.
1000 trampelnde Füßen ziehen in den Krieg.
Dieser Krieg ist nur für mich.

Rückzug, Rückzug!!

Panik in meinen Augen

Du siehst die Panik in meine Augen?
Nicht...
Gut,
dann habe ich sie überwunden.

Das verratene Herz

Ganz im Vertrauen habe ich Dir verraten,
dass ich einsam bin.
Mein Herz lag da,
schön und wund.

Hingesehen hast du nicht einmal.

Mein Herz habe ich wieder in meine Brust geschoben.

Und schweigen muss ich nun,
das habe ich mir versprochen
eine Weile.

Erste Hilfe

Die Einsamkeit sieht manchmal
so hilflos aus,
wie sie dasteht,
versteckt hinter einem Körper

Ich glaube,
ich stelle mich mal zu ihr
und leiste ihr Gesellschaft.

Jetzt

Es kommt der Frühling.
und Du machst Pläne.

Es kommt der Sommer,
und Du vergisst sie.

Es kommt der Herbst,
und Du hast es nicht getan.

Tu es,
bevor der Winter kommt.
Jetzt

Der Autor

Lars Büscher wurde 1976 geboren. Er wohnt in Münster und arbeitet dort für das Projekt Kultur: inklusive Münster.

Das Schreiben der Texte hat sich über einen Zeitraum von 20 Jahren erstreckt.

Letzte Seite

Dank an: Lisa, Elias, Mareike, Rainer, Peter

Dank für die Inspiration: Anna, Martin, Vater, Johnny Cash und Katze Sina

Dank an alle, die sich angesprochen fühlen.

JETZT IST ES GUT